*Für das Mädchen
mit dem besten Stilgefühl*

....

Titel der Originalausgabe: *Comment je m'habille aujourd'hui?*
Le style de la Parisienne
Erschienen bei Flammarion, Paris 2016
Copyright © 2016 Flammarion, Paris, Frankreich

Produktion (Flammarion)
Produktionsleitung: Armelle Saint-Mleux, Olga Sekulic
Fotograf: Benoît Peverelli mit Rodolphe Bricard (Assistent)
Digitale Bearbeitung: Laura de Lucia
Stylistin: Jeanne Le Bault mit Marie-Aline Boussagnol (Assistentin)
Haare und Make-up: Marielle Loubet
Modellscouting: Elisabeth Serve und Sabine Cayet
Model: Marla von Marilyn
Studio Rouchon
Produktion: Workingirl/Johanna Scher
Koordination: Jennifer Soulhac
Regie: Jean-Louis Bergamini (verantwortlich) und
Alexandra Kan

Verlag (Flammarion)
Editorische Leitung: Julie Rouart
Verwaltung: Delphine Montagne
Layout: Pierre-Yann Lallaizon
Lithographie: Bussière

Deutsche Erstausgabe
Copyright © 2017 von dem Knesebeck GmbH & Co. Verlag KG, München
Ein Unternehmen der La Martinière Groupe

Umschlaggestaltung: Fabian Arnet, Knesebeck Verlag
Satz: satz & repro Grieb, München

Druck: Índice, Barcelona
Printed in Spain

ISBN 978-3-95728-084-8

www.knesebeck-verlag.de

INES DE LA FRESSANGE
SOPHIE GACHET

WAS ZIEHE ICH HEUTE AN?

———

PARISER CHIC
EINFACH PERFEKT FÜR JEDEN ANLASS

Fotografien
Benoît Peverelli

Projektleitung
Jeanne Le Bault

Aus dem Französischen von Ursula Held

KNESEBECK

Was ziehe ich heute an? Diese Frage stellt sich uns jeden Tag aufs Neue, selbst wenn unser Kleiderschrank überquillt. Dieser modische Leitfaden liefert Ihnen endlich den Durchblick. Besonders, wenn Sie zu der Sorte Frauen gehören, die ständig jammern, sie hätten »überhaupt nichts« anzuziehen. Die großen Modelabels bedrängen uns, dauernd neue Sachen zu kaufen, damit man auch ja keinen Trend verpasst. Mit den folgenden Tipps aber können Sie die passenden Looks mit Kleidungsstücken zaubern, die Sie garantiert schon in Ihrem Schrank haben. Denn auch in der Mode geht es vor allem darum, Reste geschickt zu verwerten. Eine schwarze Jeans, eine blaue Jeans, ein schwarzer Mantel, ein Trenchcoat, ein weißes Hemd, ein schwarzer Rollkragenpullover, Sandalen und Boots – diese Dinge gehören sicher schon zu Ihrer Garderobe. Sie besitzen also alles Notwendige für einen stilvollen Auftritt und müssen nicht noch einen Shoppingmarathon absolvieren. Vielleicht mögen Ihnen je nach Anlass noch zwei bis drei Dinge fehlen, aber deswegen besteht kein Grund zur Panik! Denn alle Stücke in diesem Ratgeber sind absolut zeitlos und in jedem Geschäft zu finden, von der preisgünstigen Ausführung bis zur Luxusvariante. Die Looks haben wir aus extrem einfachen Komponenten zusammengestellt. Natürlich zwingt Sie niemand, alles haargenau zu kopieren: In der Mode und in der Küche darf man sich immer auch vom Rezept entfernen.

Was zieht man an, wenn Freunde zum Abendessen kommen? Muss es ein Rock sein, wenn man seinen Liebsten trifft? Dieser Ratgeber ist so etwas wie ein immerwährender Kalender und sorgt dafür, dass Sie in jeder Situation mit einem Minimum an Aufwand Stil beweisen. Wir zeigen Ihnen, dass eine weiße Bluse und eine schwarze Hose ausreichen, um elegant zu sein. Lässig elegant wie eine Pariserin eben.

....

Ines de la Fressange
Sophie Gachet

Die
ESSENTIALS
der
PARISERIN

Wir wissen alle,
dass man mit einer Jeans,
einem T-Shirt und
Turnschuhen durchs Leben
kommt. Aber es wird
einem schnell langweilig.
Damit Sie Ihren
Kleiderschrank nicht mit
Dingen anfüllen, die zu
nichts zu gebrauchen sind,
stellen wir Ihnen hier die
modische Grundausrüstung
der Pariserin vor.

— Hosen, Overalls und Shorts

- ☐ schwarze Jeans
- ☐ Raw Denim Jeans
- ☑ blaue Jeans
- ☑ weiße Jeans
- ☐ Hose mit hohem Bund
- ☐ schwarze Cordhose
- ☐ bedruckte Seidenhose
- ☐ schwarze ¾-Hose
- ☑ schwarze Hose
- ☐ Seemannshose
- ☐ Seersucker-Hose
- ☐ Jogginghose
- ☐ Overall
- ☐ Jeansshorts

— Röcke und Kleider

- ☐ Bleistiftrock
- ☐ langer Rock
- ☐ langer Plisseerock
- ☑ schwarzes Kleid
- ☐ langes geblümtes Kleid
- ☑ langes Blusenkleid

— Pullover, Sweatshirts, Blusen und andere Oberteile

- ☑ schwarzer Rollkragenpullover
- ☐ schwarzer Rundhalspullover
- ☑ beigefarbener Rundhalspullover
- ☐ schwarzer Pullover mit V-Ausschnitt
- ☐ pinkfarbener Pullover
- ☑ Strickpullover
- ☑ graues Sweatshirt

- ☐ weiße Volantbluse
- ☑ weiße Bluse
- ☐ kariertes Hemd
- ☑ gestreiftes Hemd
- ☑ blaues Hemd
- ☐ weißes Hemd
- ☑ Jeanshemd
- ☑ ärmelloses Top
- ☑ weißes T-Shirt
- ☑ schwarzes T-Shirt
- ☑ Matrosenpulli
- ☑ Camisol
- ☑ indische Tunika ⟩
- ☐ Strandhemd
- ☑ Glitzertop

— Jacken und Mäntel

- ☑ schwarze Lederjacke
- ☑ schwarzer Blazer
- ☑ dunkelblauer Blazer
- ☐ Cabanjacke
- ☑ Anorak
- ☑ leichte Daunenjacke
- ☐ Tweedblazer
- ☐ Smokingjacke
- ☐ schwarzer Trenchcoat
- ☑ beigefarbener Trenchcoat
- ☐ dunkelblauer Mantel im Herrenschnitt
- ☑ beigefarbener Mantel im Herrenschnitt
- ☐ Samtblouson
- ☑ Bomberjacke
- ☐ Paillettenjacke
- ☐ Military-Jacke
- ☑ Jeansjacke
- ☐ Leopardenmantel
- ☐ Lammfellmantel

— Schuhe

- ☑ Collegeschuhe
- ☐ Lackslipper
- ☐ bestickte Slipper
- ☑ schwarze Halbschuhe (Derbys)
- ☑ braune Halbschuhe (Derbys)
- ☑ Plateausandalen
- ☑ Ballerinas
- ☐ Fellstiefel
- ☑ hohe schwarze Pumps
- ☑ halbhohe schwarze Pumps
- ☐ schwarze Samtloafer
- ☐ Cowboystiefel
- ☐ Pantoletten
- ☐ Naturledersandalen
- ☐ Römersandalen
- ☐ Glitzerpantoletten
- ☑ Sneaker zum Schnüren
- ☐ Sneaker zum Reinschlüpfen
- ☑ Gummistiefel
- ☐ Motorradstiefel
- ☑ Wildlederstiefel
- ☐ Pelzstiefel

— Taschen

- ☑ Umhängetasche
- ☑ Strohtasche
- ☑ schwarze Mini-Handtasche
- ☐ Glitzerhandtasche
- ☐ Fransentasche
- ☑ schwarze Damenhandtasche
- ☑ Shopper
- ☑ braune Handtasche
- ☐ Schultertasche

— Schmuck

- ☐ Manschettenarmband
- ☐ Kette mit Charms
- ☐ Strass-Halskette
- ☐ lange Perlenkette
- ☐ goldene Armreifen
- ☐ Strass-Armreifen
- ☐ Armbänder aus Holz
- ☐ lange Goldkette
- ☐ Strass-Brosche
- ☐ Holzperlenkette
- ☑ klassische Armbanduhr
- ☐ Herrenarmbanduhr

— Gürtel

- ☑ schwarzer Gürtel
- ☐ dunkelbrauner Gürtel
- ☐ Smoking-Gürtel (Kummerbund)

— Schals und Tücher

- ☑ großes Schultertuch
- ☑ bedruckter Schal
- ☑ bedrucktes Halstuch
- ☐ schwarzes Halstuch

— Bademode und Dessous

- ☑ Bikini
- ☑ schwarzer BH
- ☑ Dessous, die sich auch ohne was drüber sehen lassen können…

SCHNELL,
EIN LOOK!

Wie fügt man
nun diese Zutaten zu
einem stilvollen
Look zusammen, und
das für alle möglichen
Gelegenheiten?
Kommen wir zum
Pariser Dresscode und
den besten
Moderezepten.

DAS MODISCHE PROBLEM

———————————

»Ich habe drei Minuten Zeit, um mich anzuziehen, bevor ich ins Büro flitze«

»Ich muss zu meiner Bank und alles offenlegen…«

»Ich habe einen anstrengenden Tag vor mir«

»Ich brauche eine Gehaltserhöhung«

»Vom Bürostuhl auf die Tanzfläche«

BUSINESS AS USUAL

Eine Arbeitsuniform
für das Büro gibt
es nicht, aber hier ist
ein tadelloser Look
gefragt. So macht man,
auch wenn man es
eilig hat, den besten
Eindruck.

ICH HABE DREI MINUTEN ZEIT, UM MICH ANZUZIEHEN, BEVOR ICH INS BÜRO FLITZE

Zutaten

| beigefarbener Mantel im Herrenschnitt

| schwarze Cordhose

| schwarzer Rollkragenpullover

| schwarzer Gürtel

| Motorradstiefel

| Umhängetasche

Zu welchem Anlass?

Wenn Ihr Wecker nicht geklingelt hat.

Das beste Rezept

Bleiben Sie schlicht, so vermeiden Sie falsche Schlussfolgerungen. Unter Zeitnot riskiert man lieber nichts. Man verlässt sich auf edle Basics, mit denen wir nicht ins Visier der Modepolizei kommen. Als einzige Besonderheit sind Motorradstiefel erlaubt, die den etwas strengen Look wohltuend auflockern.

ICH MUSS ZU MEINER BANK UND ALLES OFFENLEGEN...

Zutaten

| Blazer

| Raw Denim Jeans

| blaues Hemd

| schwarzer Gürtel

| halbhohe schwarze Pumps

| Damenhandtasche

Zu welchem Anlass?

Sie sind verrückt nach teuren Markenkleidern, Ihr Bankkonto ist deshalb leergeräumt, und Sie wollen Ihren Bankberater überzeugen, Ihnen einen Kredit zu gewähren.

Das beste Rezept

Die neuesten Errungenschaften lässt man zu dieser Gelegenheit lieber im Kleiderschrank, damit der Banker Ihnen nicht gleich auf die Schliche kommt. Wenn es darum geht, die Geläuterte auf Sparkurs zu geben, reicht oft schon ein Blazer (am besten mit Banker-Nadelstreifen). Damit nicht nur Ihr Konto ungedeckt ist, zeigen Sie ruhig Dekolleté. Außerdem sollte man auf Absätze setzen: So gewinnt man selbst im Minus etwas Überblick – und der ist die wichtigste Voraussetzung, um aus den Schulden herauszukommen.

ICH HABE EINEN ANSTRENGENDEN TAG VOR MIR

Zutaten

| bedruckte Seidenhose

| V-Pullover

| schwarze Samtloafer

| Strass-Armreifen

| klassische Armbanduhr

Zu welchem Anlass?

Wenn ein Tag bevorsteht, an dem sich kurze Meetings und stressige Besprechungen aneinanderreihen. Und abends geht es direkt zum Geschäftsessen, ohne Boxenstopp zuhause.

Das beste Rezept

Für einen Stresstag wappnen Sie sich am besten mit Kleidern, die gute Stimmung verbreiten. Eine gemusterte Hose macht das Leben gleich fröhlicher. Und in Loafern beweisen Sie bis abends Stehvermögen. Wenn Sie sich in einem Meeting langweilen, können Sie immer noch mit Ihren Armreifen spielen. Gut, dass wir wissen, den Schmuck immer richtig einzusetzen, nicht wahr?

ICH BRAUCHE EINE GEHALTSERHÖHUNG

Zutaten

| dunkelblauer Blazer

| Jeans

| weißes T-Shirt

| schwarzer Gürtel

| schwarze Halbschuhe

| klassische Armbanduhr

Zu welchem Anlass?

Ihre Kollegen sagen, auf eine automatische Erhöhung bräuchte man nicht zu warten. Und Sie haben den deutlichen Eindruck, unterbezahlt zu sein.

Das beste Rezept

Wenn es eine Situation gibt, in der man auf Glitter verzichten sollte, dann ist es diese. Sie müssen nicht das Aschenputtel spielen (ihr Chef kennt Ihr Gehalt), aber lassen Sie ihn wissen, dass Sie nicht vorhaben, Ihr ganzes Leben in Schlabberjeans und T-Shirt zu verbringen. Erwähnen Sie auch, dass Sie sich Anzugjacke und Uhr bei Ihrem Vater geborgt haben. Wenn Ihr Chef etwas für Mode übrighat, wird er Mitleid haben.

VOM BÜROSTUHL AUF DIE TANZFLÄCHE

Zutaten

| schwarze Smokingjacke

| schwarze Hose

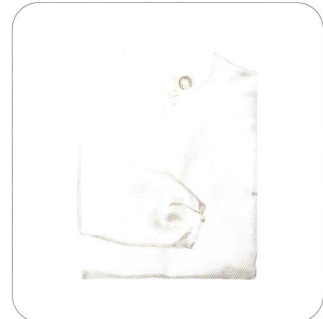

| weiße Bluse

| schwarzer BH

| hohe Pumps

| lange Perlenkette

Zu welchem Anlass?

Wenn man keine Zeit hat, sich erst noch zuhause aufzuglitzern, bevor es zum Tanzen geht.

Das beste Rezept

Wir setzen auf den Smoking: schick im Büro, sexy in der Disko. Dazu muss man abends nur die Bluse unter der Jacke ausziehen. Yves Saint Laurent hat es der Welt vorgemacht. Und die Kette, die tagsüber um den Hals hing, kommt als Gürtel um die Taille. Ganz einfach, die Verwandlung vom Arbeitstier zum Partytiger!

DAS MODISCHE PROBLEM

———————

»Ich habe ein Tinder-Date und will
kein Love & Hate«

»Ich treffe mich mit meinem Liebsten«

»Ich treffe meine zukünftigen
Schwiegereltern und gebe mich freundlich-
seriös statt freizügig-skandalös«

»Ich treffe seinen besten Freund«

»Ich muss zum Scheidungstermin
erscheinen«

»Mein Ex lädt mich zum Essen ein«

»Ich muss zur mündlichen Prüfung:
Stiefmutter für eine Patchworkfamilie«

»Ich gehe mit meiner Großtante essen:
Sie hat seit den 70ern in keinem
Modemagazin geblättert«

»Sandkasten«

»Vorzeigemama«

FAMILIEN-
ANGELEGEN-
HEITEN

Zu einem Diner mit
dem Liebsten, einem Treffen
mit einem potenziellen
Liebsten und einem Nach-
mittag auf dem Spielplatz
sollte man die jeweiligen
Kleiderordnungen möglichst
nicht verwechseln.

ICH HABE EIN TINDER-DATE UND WILL KEIN LOVE & HATE

Zutaten

| Tweedblazer

| Raw Denim Jeans

| ärmelloses Top

| dunkelbrauner Gürtel

| hohe Pumps

Zu welchem Anlass?

Zum ersten Rendezvous mit dem potenziellen Märchenprinzen. Er kennt bisher nur Ihr Profilbild, und es gilt auch jetzt, nicht gleich zu viel zu zeigen.

Das beste Rezept

Ein kleines Top fürs Weibliche, ein Tweedblazer für Tradition und Werte, eine enge Jeans, um nicht zu maskulin zu erscheinen, ein Gürtel, der die Figur zusammenhält, und High Heels, die zeigen, dass Sie auch mal abheben können. Solange Minirock und Bauchfrei-Top zuhause bleiben, besteht Hoffnung.

ICH TREFFE MICH MIT MEINEM LIEBSTEN

Zutaten

| schwarzer Trenchcoat

| schwarzer BH

| schwarzer hüfthoher Slip

| hohe Pumps

Zu welchem Anlass?

Wenn unser Liebster uns zum Abend auf einen Drink einlädt.

Das beste Rezept

Ein gegürteter Trenchcoat, sonst nichts. Am liebsten schwarz, aber ein beigefarbener wird Ihrem Liebsten auch keine Schwierigkeiten bereiten. Wenn Ihnen kalt sein sollte, ziehen Sie noch schwarze Seidenstrümpfe an. Bei diesem Outfit gibt es kein Vertun, so viel ist klar.

ICH TREFFE MEINE
ZUKÜNFTIGEN SCHWIEGERELTERN UND GEBE
MICH FREUNDLICH-SERIÖS STATT
FREIZÜGIG-SKANDALÖS

Zutaten

| dunkelblauer Blazer

| weiße Jeans

| Matrosenpulli

| Samtloafer

| braune Handtasche

Zu welchem Anlass?

Wenn man die Eltern des Liebsten auf die eigene Seite ziehen will, damit man in ihnen bei allen zukünftigen Gelegenheiten Unterstützer hat.

Das beste Rezept

Man vermeidet hohe Absätze, die abgehoben wirken können. Die Samtloafer sind schick. Die weiße Hose ist der Hingucker des Schwiegereltern-Looks, mit ihr wirkt man gleich ganz unschuldig, nahezu engelhaft. So zähmt man seine zukünftige Mischpoke.

ICH TREFFE SEINEN BESTEN FREUND

Zutaten

| dunkelblauer Mantel im Herrenschnitt

| weiße Jeans

| Jeanshemd

| dunkelbrauner Gürtel

| braune Halbschuhe

Zu welchem Anlass?

Um einen guten Eindruck beim besten Freund des Liebsten zu machen. Wie die Schwiegereltern sollte man auch diesen »Beeinflusser« für sich gewinnen.

Das beste Rezept

Der Beschützerfreund wird beruhigt sein, wenn Sie nicht als Vamp daherkommen. Und mit dem Jeanshemd punkten Sie, weil er das auch selbst tragen könnte. Er wird sich also sagen, dass sein bester Kumpel endlich eine gefunden hat, die weiß, was sie will, und auf eigenen »Derbys« steht.

ICH MUSS ZUM SCHEIDUNGSTERMIN ERSCHEINEN

Zutaten

| schwarzer Blazer

| weiße Jeans

| beigefarbener Rundhals-
| pullover

| schwarzer Gürtel

| Collegeschuhe

| Umhängetasche

Zu welchem Anlass?

Wenn der Richter nicht kapieren will, dass Ihr Exmann seine Einkünfte falsch angibt, um keine Alimente für die Kinder zahlen zu müssen.

Das beste Rezept

Weiß beweist Unschuld, Beige zeigt Weichheit, ein Blazer steht für Ernsthaftigkeit, und die Collegeschuhe demonstrieren den studentischen Lebensstandard. Auf keinen Fall Schmuck. Nur eine schlichte Schultertasche als Beweis dafür, dass Sie nicht die Sorte Frau sind, die ihr Geld für eine It-Bag verschleudern würde.

MEIN EX LÄDT MICH ZUM ESSEN EIN

Zutaten

| Samtblouson

| Bleistiftrock

| Camisol

| hohe Pumps

| klassische Armbanduhr

Zu welchem Anlass?

Nachdem Sie sich jahrelang nicht gesehen haben, lädt Sie Ihr Ex auf einmal zum Essen ein. Er wird einiges bereuen...

Das beste Rezept

Wir lassen das Vamp-Schema beiseite und wählen eine sanftere Waffe der Verführung: den Bleistiftrock. Kein allzu suggestives Dekolleté bitte. Das Camisol muss reichen, und wenn er das seidene Spitzennegligé ziemlich sexy findet, dann antworten Sie: »Ich habe mich schon mal umgezogen. Ich will heute früh ins Bett.« Sie haben keine Tasche dabei und bekennen damit Farbe: keine Zahnbürste, keine Wechselwäsche. Er soll sich bloß nicht einbilden, er hätte noch Chancen.

ICH MUSS ZUR MÜNDLICHEN PRÜFUNG: STIEFMUTTER FÜR EINE PATCHWORKFAMILIE

Zutaten

| Raw Denim Jeans

| gestreiftes Hemd

| schwarzer Gürtel

| bestickte Slipper

| Kette mit Charms

Zu welchem Anlass?

Erstkontakt mit den zukünftigen Stiefkindern. Gar nicht so leicht, hier einen guten Eindruck zu machen, als Geliebte unter den Lieben.

Das beste Rezept

Alles Verführerische bleibt zuhause, sonst jagt man den Kindern noch einen Schrecken ein. Setzen Sie auf Schlichtheit, nur die Schuhe dürfen gerne bestickt sein, mit Perlen, Pompons, Goldfaden oder Pailletten, auch wenn es erst Mittag ist. So demonstriert man, dass man nicht für die Hausaufgaben, sondern für den Spaß zuständig ist.

ICH GEHE MIT MEINER

GROSSTANTE ESSEN: SIE HAT SEIT DEN 70ERN IN KEINEM MODEMAGAZIN

GEBLÄTTERT

Zutaten

| Hose mit hohem Bund

| Volantbluse

| Plateausandalen

| Halstuch

| Strass-Halskette

Zu welchem Anlass?

Wenn man mit einer älteren Person verabredet ist, die sich nicht mehr für Mode interessiert.

Das beste Rezept

Paradoxerweise ist dies der Moment, in dem wir das komplette Modeopfer geben dürfen, denn die 70er sind immer noch topaktuell. Von Ihrer Schlaghose und Volantbluse, dem Halstuch-Gürtel und den Plateauschuhen wird die Großtante hingerissen sein – ohne zu wissen, dass Sie ganz oben auf der Modewelle reiten.

SANDKASTEN

Zutaten

| beigefarbener Trenchcoat

| blaue Jeans

| pinkfarbener Pullover

| Ballerinas

| Herrenuhr

| Strohtasche

Zu welchem Anlass?

Wer von uns Kinder hat, der weiß, dass ein Spielplatz eine Art Elternknast ist. Angesichts der vielen Fallen, die einem hier gestellt werden, erscheint man möglichst gut ausgerüstet, wenn man auf Nichten, Neffen oder Patenkinder aufpassen muss.

Das beste Rezept

Jeansstoff ist jetzt die beste Wahl, der ist widerstandsfähig und übersteht hoffentlich die Widrigkeiten eines Parknachmittags. Einen pinkfarbenen Pullover treibt man nicht so einfach auf, er beruhigt aber die Kinder, die Sie so immer wiederfinden können. Außerdem macht Pink gute Laune. Ballerinas deswegen, weil wir schon einmal Mütter mit hochhackigen Schuhen im Sandkasten gesehen haben ... ein echtes No-Go.

VORZEIGEMAMA

Zutaten

| dunkelblauer Mantel im Herrenschnitt

| blaue Jeans

| graues Sweatshirt

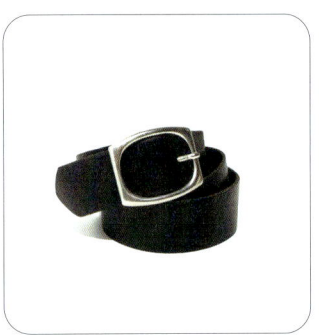

| schwarzer Gürtel

| Sneaker zum Schnüren

| Umhängetasche

Zu welchem Anlass?

Vor dem Schultor. Sie müssen sich den Anschein geben, als würden Sie sich hier bestens auskennen, obwohl Sie nur einmal am ersten Schultag da waren.

Das beste Rezept

Hauptsache, Sie kommen nicht mit einer Clutch, dann wissen alle sofort, dass Sie keine Obstschnitze für den Park dabeihaben. Die Uniform für solche Gelegenheiten lautet: Jeans, Pulli, Sneaker, denn es kann sein, dass Sie den Rackern hinterherjagen müssen.

DAS MODISCHE PROBLEM

———————————

»Heute mal (mild) wild«

»Hippie ist hip«

»Ist es noch weit bis zur Küste?«

»Love Boat«

»Grundsolide Gartenparty«

»Ich Jane, du Tarzan«

»Leder ohne Lack und Peepshow«

»Blumen sprechen lassen«

LIEBLINGS-STÜCKE

Es gibt Kleidungsstücke
oder Accessoires, die einen
Look komplett bestimmen –
oder ihn komplett zerstören,
wenn man nicht weiß,
wie man sie richtig kombiniert.
Für Fransen, Leoparden-
muster oder Matrosenpulli
muss man nicht noch
sein Pferd, seine Krallen oder
sein Segelboot hervorholen,
damit der Auftritt klappt.

HEUTE MAL
(MILD) WILD

Zutaten

| braune Fransentasche

| weiße Jeans

| blaue Bluse

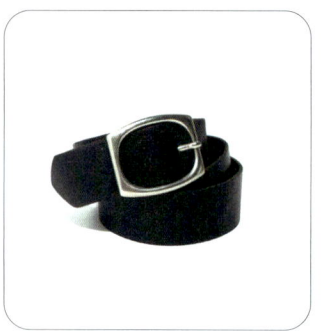

| schwarzer Gürtel

| Cowboystiefel

| Herrenarmbanduhr

Zu welchem Anlass?

Weil Sie diese Fransentasche lieben. Und um einem Mann zu zeigen, dass Sie auch ein bisschen wild sein können. Oder einfach, um die Kinder zu belustigen.

Das beste Rezept

Fransen funktionieren nur auf neutralem Terrain. Erlaubt sind Weiß, Schwarz, Grau und Beige. Grellbunte Farben mit fransigem Accessoire, das geht gar nicht, höchstens für Woodstock. Eine Fransenträgerin beweist, dass sie wie Pocahontas in einem Tipi übernachten würde, und das reicht schon als modisches Statement.

HIPPIE IST HIP

Zutaten

| Jeansshorts

| weißes T-Shirt

| dunkelbrauner Gürtel

| Wildlederstiefel

| braune Fransentasche

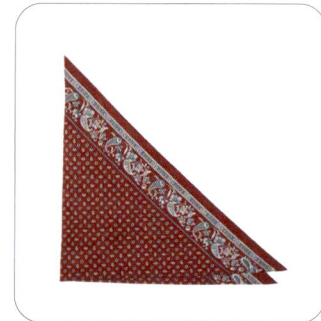

| Halstuch

| Manschettenarmband

Zu welchem Anlass?

Um endlich mal die Jeansshorts rauszuholen. Um Bohemien-Chic zu zeigen, ohne als Hippiehexe durchzugehen. Bestes Alibi: ein Open-Air-Festival.

Das beste Rezept

Zu den Jeansshorts gehört natürlich ein gewisses Auftreten. Für sie gilt eine Altersgrenze, über die wir Sie selbst befinden lassen. So wird auch ein Baumwollrock seine Sache gut machen, falls die Shorts Sie abschrecken. Auf die Wildlederstiefel darf man aber nicht verzichten, selbst wenn es zu heiß sein sollte. Manchmal muss man eben schwitzen, um cool zu sein. Das Halstuch dient heute mal als Gürtel, und wenn sich eine Fransentasche in Ihrem Besitz befindet, dann tragen Sie sie jetzt oder nie.

IST ES NOCH WEIT BIS ZUR KÜSTE?

Zutaten

| Matrosenpulli

| Raw Denim Jeans

| Cabanjacke

| Sneaker zum Schnüren

| Strass-Brosche

Zu welchem Anlass?

Wenn Sie Lust auf Ihren Matrosenpulli haben und es Ihnen nichts ausmacht, dass alle denken, Sie würden gleich Ihren Kutter besteigen.

Das beste Rezept

Sich (mit Matrosenpulli und Cabanjacke) meerestauglich geben, ohne für einen Matrosen gehalten zu werden. Funktioniert nur, wenn wir statt Gummistiefeln Sneaker tragen und den Look mit einer Strass-Brosche aufhübschen. Das nennt man Glamoursignale setzen.

LOVE BOAT

Zutaten

| Seemannshose

| schwarze Smokingjacke

| weiße Bluse

| Pantoletten

| kleine schwarze Handtasche

Zu welchem Anlass?

Wenn Ihnen nach Meer ist und Sie das Weite suchen möchten.

Das beste Rezept

Die Seemannshose hat so etwas von einem prima Kerl. Obligatorische Accessoires sind Pantoletten und Clutch, so wird das Seebärige etwas zurückgenommen. Fügen Sie einen kleinen Strass-Akzent hinzu, dann glänzt dieser Look erst richtig.

GRUNDSOLIDE GARTENPARTY

Zutaten

| Seersucker-Hose mit Streifen

| weiße Volantbluse

| Naturledersandalen

| lange Perlenkette

| Strohtasche

Zu welchem Anlass?

Wenn es einfach zu lange her ist, dass Sie Ihre Seersucker-Hose getragen haben. Irgendwie schafft man es nie, sie unterzubringen!

Das beste Rezept

Machen Sie mal einen Bogen um das etwas alberne Blümchenkleid, das man zu jedem Gartenfest hervorholt. Die Lösung? Die Seersucker-Hose ist extrem leicht und perfekt für diesen Anlass. Die weiße Volantbluse bringt noch mehr Frische in den Look. Das etwas Rustikale an der gartentauglichen Strohtasche wird zurückgenommen, wenn man als I-Tüpfelchen eine Perlenkette statt Gürtel trägt.

ICH JANE,
DU TARZAN

Zutaten

| Leopardenmantel

| weiße Jeans

| schwarzer Pullover

| schwarzer Gürtel

| schwarze Halbschuhe

Zu welchem Anlass?

Wenn wir nicht anders konnten und einen Mantel mit Leopardenmuster gekauft haben.

Das beste Rezept

Obwohl sämtliche Modemagazine erklären, dass der Raubkatzenlook immer noch en vogue ist, erscheint es uns doch vernünftiger, die Bestie mit nüchternem Beiwerk zu zähmen. Mit schwarzer oder weißer Hose und weißem oder schwarzem Pulli, ganz wie Sie möchten, aber erschrecken Sie das Tier nicht mit grellen Farben.

LEDER OHNE LACK UND PEEPSHOW

Zutaten

| schwarze Lederjacke

| schwarze Jeans

| weißes Hemd

| schwarzer Gürtel

| schwarze Halbschuhe

Zu welchem Anlass?

Manchmal wollen wir uns beim Anblick unserer Lederjacke wie ein echter Rolling Stone fühlen.

Das beste Rezept

Rufen Sie sich sämtliche sexy Signale auf und tun Sie dann genau das Gegenteil. Kein Rock zur Lederjacke. Kein tiefer Ausschnitt zur Lederjacke. Keine hohen Absätze zur Lederjacke. So wird man ein echter Rolling Stone.

BLUMEN SPRECHEN LASSEN

Zutaten

| kariertes Hemd

| geblümtes Kleid

| dunkelbrauner Gürtel

| Wildlederstiefel

Zu welchem Anlass?

Weil wir nie wissen, wie wir unser Karohemd kombinieren sollen, das immer stark nach »Waldspaziergang« aussieht.

Das beste Rezept

Überlegen Sie mal, was ein Holzfäller niemals tun würde. Zum Beispiel: sein Hemd zum Blümchenkleid tragen. Und schwupps hat man das passende Pendant, um dem etwas rustikalen Stück eine weibliche Note zu geben. Das Kleid trägt man mit Gürtel, um den Naturburschenlook zu bewahren. Dazu kommen Wildlederstiefel, um Blümchenkitsch zu vermeiden. Echte Schwerstarbeit!

DAS MODISCHE PROBLEM

»Vernissage«

»Meine Cousine Audrey«

»Essen im Szene-Restaurant«

»Freunde kommen zum Abendessen«

»Dinner mit mehreren Unbekannten«

»Meine Freundin hat Geburtstag«

»Mädchenabend«

»Saturday Night Fever«

»Picknick am Strand«

»Es weihnachtet sehr«

»Jahresendshow«

ABEND-
GARDEROBE

Natürlich gibt es immer
noch das kleine Schwarze,
das uns jeden erdenklichen
Abend rettet. Wenn man
aber eingetretene Pfade
verlassen möchte?
Was zieht man an, wenn
es feierlich zugehen soll, aber
ohne »Sonntagsstaat«?

VERNISSAGE

Zutaten

| schwarze Lederjacke

| bedruckte Seidenhose

| weißes Hemd

| Pantoletten

| schwarze Tasche mit
  Strukturmuster

| lange Goldkette

Zu welchem Anlass?

In der Szenegalerie wird zur Ausstellungseröffnung geladen.

Das beste Rezept

Man könnte jetzt natürlich sein schönstes, wild gemustertes Markenkleid hervorholen und so tun, als wäre man ein modisches Kunstwerk. Aber zu Gelegenheiten wie diesen hält man den Ball lieber flach. Schwarz und weiß, das wirkt ohnehin viel grafischer. Und die als Armband getragene Kette offenbart Ihre kreative Seite. Wer sagt denn, dass Mode keine Kunst ist?

MEINE COUSINE AUDREY

Zutaten

| schwarzes Kleid

| halbhohe Pumps

| kleine Handtasche

| Strass-Brosche

Zu welchem Anlass?

Manchmal landet man auf Society-Events. Eine Ladeneinweihung oder die Wohltätig-keitsgala der Cousine der Cousine – Ereignisse wie diese erfordern modische Reflexion.

Das beste Rezept

Am besten hält man sich an Audrey Hepburn, die Muse des kleinen Schwarzen. Idealerweise investieren wir in glitzernde Accessoires (mit Lamé, Pailletten oder Strass), die jede zu ernst geratene Erscheinung retten. Das kleine Schwarze ist und bleibt eine wunderbare Erfin-dung: Wenn es schlicht gehalten ist, können Sie es immer wieder zu allen möglichen Gele-genheiten tragen, denn niemand wird sich an das Kleid erinnern. Wenn Sie es mit Broschen und Strass schmücken, wirkt es edel. Übrigens hat die Kette an Ihrer Handtasche, als Arm-band getragen, doppelten Nutzen.

ESSEN IM SZENE-RESTAURANT

Zutaten

| schwarze Smokingjacke

| schwarze Hose

| weißes Hemd

| schwarzes Halstuch

| Samtloafer

Zu welchem Anlass?

Wenn Sie in ein Szene-Restaurant eingeladen werden, von dem alle sprechen, Sie sich aber nicht sicher sind, wie man sich derzeit »szenig« kleidet (das ändert sich ja dauernd).

Das beste Rezept

Weniger ist mehr. Je weniger wir versuchen, Markenklamotten zur Schau zu stellen oder alle Trends der Saison in einem Look zu vereinen, desto eher wird das Resultat gelingen. Schwarz und weiß, damit macht man hundertprozentig keinen geschmacklichen Fehltritt, selbst unter Superhippen. Wer mag, kann sich noch ein Tuch um den Hemdkragen binden. Darauf angesprochen, antwortet man lässig: »War so eine Idee. Ich glaube, Yves Saint Laurent ist auch schon draufgekommen.«

FREUNDE KOMMEN ZUM ABENDESSEN

Zutaten

| blaue Jeans

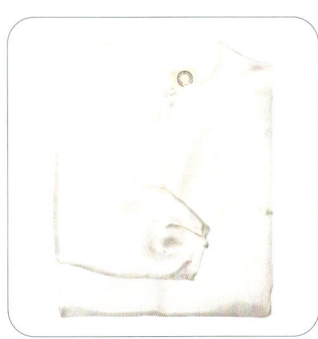

| weiße Bluse

| schwarzer Gürtel

| Armreifen

| Samtloafer

Zu welchem Anlass?

Wir haben Freunde zum Abendessen eingeladen, und die sollen nicht denken: »Auweia. Ich hätte mich in Schale schmeißen müssen.«

Das beste Rezept

Oben etwas schicker, unten ganz entspannt. So können sich Ihre Gäste in jedem Fall wohl-fühlen. Benutzen Sie ruhig Mascara, so sammelt man Schönheitspunkte, ohne dass es zu sehr auffällt.

DINNER
MIT MEHREREN
UNBEKANNTEN

Zutaten

| schwarze Smokingjacke

| schwarze Hose

| schwarzes T-Shirt

| hohe schwarze Pumps

| Damenhandtasche

Zu welchem Anlass?

Sie sind zu einem schicken Dinner eingeladen und kennen dort keine Menschenseele.

Das beste Rezept

Setzen Sie auf Schwarz, bei dieser Farbe sind sich alle einig. Wenn man niemanden kennt, sollte man nicht overdressed erscheinen oder noch schlimmer: zu bieder. Man trägt also schwarz, man vermeidet Kleidung mit Aufdruck (mit einem politischen Statement auf dem T-Shirt ist der Abend schnell ruiniert). Dieser No-Look ist das perfekte Beispiel dafür, wie weniger wieder einmal mehr ist.

MEINE FREUNDIN HAT GEBURTSTAG

Zutaten

| Bomberjacke

| Bleistiftrock

| Glitzertop

| Pumps

Zu welchem Anlass?

Zum Geburtstagsabend der Freundin, die keineswegs verlangt hat, man solle verkleidet kommen.

Das beste Rezept

Sich zum Geburtstag guter Laune zeigen – das ist wohl das schönste Geschenk, das man seiner Freundin machen kann. Das Glitzertop erfüllt diese Aufgabe perfekt. Damit es nicht zu weihnachtlich wirkt, kommt eine Bomberjacke drüber. Und weil ein Geburtstag immer auch etwas Feierliches hat, bringt der Bleistiftrock den nötigen Ernst mit.

MÄDCHENABEND

Zutaten

| Overall

| weißes T-Shirt

| Glitzerpantoletten

| Glitzerhandtasche

Zu welchem Anlass?

Zum Mädchenabend. Männer müssen leider draußen bleiben.

Das beste Rezept

Jetzt können wir wirklich anziehen, was wir mögen. Männer mögen keine Overalls, aber wir spielen gerne mal Automechaniker! Und bleiben flach, denn mit Absätzen wird es dann doch wieder sexy. Dieser Abend steht nicht im Zeichen der Verführung, und deswegen können wir auch ordentlich Gloss auftragen, den die Kerle immer zu klebrig finden.

SATURDAY NIGHT FEVER

Zutaten

| schwarze Hose

| Glitzertop

| Lackslipper

| kleine Handtasche mit Schulterriemen

Zu welchem Anlass?

Zum Feiern und Tanzen. Ob man nun eine verwandte Seele treffen möchte (das kann einem in Clubs durchaus passieren) oder die 18-jährige Tochter begleitet.

Das beste Rezept

Wir spielen lieber nicht John Travolta im weißen Anzug. Ist zwar eine nette Sache, aber in der Disko schon zu oft da gewesen. Den Glimmer muss das Glitzertop bringen. Außerdem können die Anmacher dann anmerken, was für eine strahlende Erscheinung man ist. Und bilden Sie sich nicht ein, Sie könnten hochhackige Schuhe tragen. Um die Nacht durchzutanzen, braucht man flache Sohlen. Selbst Cinderella hat es auf ihren Pumps nicht bis nach Mitternacht ausgehalten!

PICKNICK
AM STRAND

Zutaten

| langes Blusenkleid

| schwarze Hose

| Römersandalen

| Strohtasche

| Armbänder aus Holz

Zu welchem Anlass?

Ein Freund mit guten Absichten lädt uns im sonnigen Süden auf ein Picknick am Strand ein.

Das beste Rezept

Wunderbar, so ein langes, fließendes Kleid. Um den Mücken keine Chance zu geben, zieht man darunter aber eine Hose. In der Strohtasche liegt ein Schultertuch, das zu allem Möglichen dienen kann – etwa dazu, es sich um die Schultern zu legen, falls kein Lagerfeuer eingeplant ist.

ES WEIHNACHTET SEHR

Zutaten

| langer Plisseerock

| pinkfarbener Pulli

| Smoking-Gürtel (Kummer-
| bund)

| Ballerinas

| Strass-Armreifen

| Strass-Brosche

Zu welchem Anlass?

Zum Weihnachtsabend.

Das beste Rezept

Vergessen wir den naheliegenden Look, der da lautet: »Kleid & möglichst viel Schmuck«. Der pinkfarbene Pullover läutet das Weihnachtsfest viel besser ein. Für Glamour sorgt der lange, fließende Rock, zu ihm trägt man ganz casual Ballerinas, schließlich sind wir unter uns. Zum Funkeln bringt man sich mit Strass. Freut euch, es ist Weihnachten!

JAHRESENDSHOW

Zutaten

| Paillettenjacke

| weiße Jeans

| weißes T-Shirt

| hohe schwarze Pumps

| Strass- und Gold-Armreifen

Zu welchem Anlass?

Um das neue Jahr freudig zu begrüßen.

Das beste Rezept

Juhu, wir können endlich das ganze Paillettenprogramm fahren und bekommen keine ironischen Kommentare wie »Wow, hast du dich aber in Schale geschmissen«. An diesem Abend trägt man Weiß. Und wenn man Sie nach dem Grund fragt, sagen Sie: »Das ist so Tradition in Brasilien.« Nach zahlreichen Silvesterabenden haben wir eins begriffen: Partylaune macht vor allem der Kopf, nicht die Kleidung.

DAS MODISCHE PROBLEM

—————————————

»Am Flughafen«

»Der Strand ist der neue Catwalk«

»Samstag auf dem Land: trendy«

»Sonntag auf dem Land:
bodenständig«

»Urlaubs-Grillabend«

»Fiesta auf Ibiza«

»Indisch an der Côte d'Azur«

»Romantisches Dinner in den Bergen«

»Rauf auf den Eiffelturm«

AB IN DIE FERIEN

Ob ein Wochenende
auf dem Land
oder Urlaub am Strand:
Der Koffer will klug
gepackt sein.

AM FLUGHAFEN

Zutaten

| dunkelblauer Mantel im Herrenschnitt

| Jogginghose

| T-Shirt

| schwarzer V-Pullover

| Pantoletten

Zu welchem Anlass?

Um für die Flugreise gewappnet zu sein.

Das beste Rezept

Selbst für einen halbstündigen Flug kleidet man sich wie für eine Atlantiküberquerung. Dabei kommt es darauf an, das Sportlich-Bequeme (Jogginghose und Pantoletten) mit dem Edel-Seriösen (dunkelblauer Mantel im Herrenschnitt) zu mischen. Wir entscheiden uns für die Jogginghose, denn selbst bei ganz Schlanken macht eine Jeans Druckstellen. Kein Schmuck, keine Gürtel und nichts, bei dem die Sicherheitskontrolle piept. Bequeme Schuhe lassen sich schnell ausziehen, und außerdem fühlt man sich mit den Pantoletten an Bord gleich wie zuhause.

DER STRAND IST DER NEUE CATWALK

Zutaten

| Bikini

| Langhemd

| dunkelbrauner Gürtel

| Armreifen aus Holz

| Strohtasche

| Naturledersandalen

Zu welchem Anlass?

Von Pamplona bis Palavas kleidet man sich für den Strand wie für den roten Teppich.

Das beste Rezept

Es ist eine Fehlannahme zu glauben, ein Bikini sei schon ein Look. Aber nicht doch. Man muss lauter Accessoires hinzufügen, damit er nicht aussieht wie einfache Badebekleidung. Ketten und Armreifen bringen Bewegung ins Outfit, und um das Langhemd wird ein Gürtel geschlungen, damit niemand denkt, nur weil man am Strand ist, würde man seinen Stil schleifen lassen.

SAMSTAG AUF DEM LAND: TRENDY

Zutaten

| Military-Jacke

| langes Blümchenkleid

| Strickpulli

| dunkelbrauner Gürtel

| Gummistiefel

Zu welchem Anlass?

Sie sind bei Freunden auf dem Bauernhof mitten im Nirgendwo.

Das beste Rezept

In memoriam *Unsere kleine Farm* tragen wir ein geblümtes Kleid. Da wir wahrscheinlich mit Tieren in Kontakt kommen, lassen wir unsere Lieblingsjeans und die hübschen Boots im Schrank und bewaffnen uns mit Gummistiefeln, die gegen jedes Wetter und jedes Vieh gefeit sind. Die Military-Jacke bewahrt ein bisschen Country Chic.

SONNTAG AUF DEM LAND: BODENSTÄNDIG

Zutaten

| Cabanjacke

| blaue Jeans

| graues Sweatshirt

| Strickpulli

| Gummistiefel

Zu welchem Anlass?

Nach einem Tag unter Rindern, Schweinen und Schafen könnte Ihr Blümchenkleid etwas an Frische eingebüßt haben.

Das beste Rezept

Am zweiten Tag der Landpartie gibt man sich bodenständiger. Eine Jeans zu tragen, ist doch irgendwie angemessener. Am besten zieht man dazu ein Sweatshirt an und legt sich sicherheitshalber noch einen Wollpulli um. Die Schweine sollen ruhig kuscheln kommen, unsere Gummistiefel halten stand.

Zutaten

| gestreiftes Hemd

| Camisol

| Jeansshorts

| Naturledersandalen

| Herrenarmbanduhr

Zu welchem Anlass?

Zum urlaublichen Grillabend.

Das beste Rezept

Ein entspannter Grillabend erlaubt ein gelassenes Auftreten, dennoch gilt es, gewisse Formen zu wahren. Aus diesem Grund vermeiden wir ein T-Shirt, das zu sehr danach aussieht, als würden wir zum Würstchenessen alle hübscheren Hüllen fallenlassen. Ein Negligé unterm Streifenhemd sorgt für den Überraschungseffekt.

FIESTA AUF IBIZA

Zutaten

| langes Blusenkleid

| Bikini

| Jeansshorts

| Römersandalen

| Holzperlenkette

Zu welchem Anlass?

Für den Aufenthalt auf einer Insel, auf der das Feiern Hauptbeschäftigung ist.

Das beste Rezept

Den Bikini lässt man den ganzen Tag an, dazu gehören Jeansshorts, die man jederzeit ablegen kann. Ein langes Blusenkleid ist unverzichtbar. Abends lässt man die Shorts weg und kann so bis zum mitternächtlichen Baden durchfeiern.

INDISCH AN DER CÔTE D'AZUR

....

Zutaten
....

| indische Tunika

| langer Rock

| dunkelbrauner Gürtel

| Römersandalen

| goldene Armreifen

| Manschettenarmband

Zu welchem Anlass?
....

Wenn Sie im Süden sind und Lust auf Curry haben.

Das beste Rezept
....

Würzen Sie Ihren Auftritt mit einer traditionellen indischen Tunika – das wirkt, als hätten Sie keine Entfernung gescheut, um Ihren Stil zu finden. Und endlich können Sie mal Schmuck anhäufen, im Sommer besteht ja keine Weihnachtsbaumverwechslungsgefahr. Mit diesem Abenteuerlook sind Sie die Indiana Jones of Fashion.

ROMANTISCHES DINNER IN DEN BERGEN

Zutaten

| Lammfellmantel

| Jeansjacke

| weiße Jeans

| Strickpullover

| Fellstiefel

| bedruckter Schal

Zu welchem Anlass?

Im Wintersport. Sie möchten die modische Schneekönigin geben.

Das beste Rezept

Im Skianzug können wir nicht ausgehen, selbst bei minus fünf Grad nicht. Am Strand sexy sein, das kann jeder. In den Bergen ist diese Übung ungleich schwieriger, da muss man Wärme und Sinnlichkeit zu kombinieren wissen. Wir legen mehrere Schichten an, um diese nach und nach ablegen zu können, wenn die Temperatur steigt. Geben Sie sich ruhig ein wenig unverfroren.

RAUF AUF DEN EIFFELTURM

Zutaten

| Cabanjacke

| blaue Jeans

| beigefarbener Rundhals-
pullover

| Sneaker zum Schnüren

| Schultertasche

Zu welchem Anlass?

Für einen Besuch des Eiffelturms – ganz gleich, ob Sie Pariserin sind oder nicht.

Das beste Rezept

Falls Sie keine Pariserin sein sollten: Sie müssen jetzt nicht die Fashionista geben, um sich mit den einheimischen Damen zu messen. Denen nähern Sie sich am besten ganz entspannt an, casual und cool mit Jeans und Turnschuhen, denn wenn man die Schlangen vor den Aufzügen umgehen will, muss man Treppen steigen.

DAS MODISCHE PROBLEM

————————————

»Unscheinbar mit Glitzer«

»Extrem schlicht«

»Mühelos elegant«

»Ab in den Schlussverkauf«

»Singing in the Rain«

»Ich bin zu Fuß unterwegs,
und das bei zehn Grad minus«

»Museumsfan«

SEHR SPEZIELLE ANLÄSSE

Es gibt Momente,
in denen man beim besten
Willen nicht weiß,
was man anziehen soll.
Beim Blick in den
Kleiderschrank möchte man
sich gleich wieder
ins Bett verkriechen.
Und dann regnet es auch
noch. Doch auch für
diese Situationen gibt es
eine Lösung.

UNSCHEINBAR
MIT GLITZER

Zutaten

| beigefarbener Trenchcoat

| Paillettenjacke

| blaue Jeans

| blaues Hemd

| Sneaker

Zu welchem Anlass?

Wenn man es ganz einfach möchte. Mit einem Hauch Glamour.

Das beste Rezept

Was ist einfacher als ein Trenchcoat + Jeans + Hemd + Turnschuhe? Mit diesem Dress überstehen Sie jede Situation. Und wenn Sie abends noch ausgehen, darf die Pailletten- jacke nicht fehlen. Im Mix mit Sneakern glitzert sie umso mehr.

EXTREM SCHLICHT

Zutaten

| dunkelblauer Blazer

| Raw Denim Jeans

| graues Sweatshirt

| schwarze Halbschuhe

| Schultertasche

Zu welchem Anlass?

Bei akuter Einfallslosigkeit ist so eine Uniform nicht das Schlechteste.

Das beste Rezept

Ja, dieser Look ist wirklich extrem schlicht. Aber wir mögen das Selbstverständliche daran. Man muss nicht auf Teufel komm raus beweisen, wie »in« man ist. Trotzdem tragen wir zum Blazer ein Sweatshirt. Falls man Sie fragt: Der Trend heißt *casual & cool*.

MÜHELOS ELEGANT

Zutaten

| Cabanjacke

| schwarze Cordhose

| Volantbluse

| Plateausandalen

Zu welchem Anlass?

Eigentlich immer. Es sei denn, die hohen Absätze passen nicht zur Situation.

Das beste Rezept

Es braucht keine spektakulären Zutaten für einen weltgewandten Look. Cord und Seide in klassischer Verpackung sorgen für Eleganz. Die lässige Cabanjacke fällt zwar unter die Kategorie »Arbeitskleidung«, aber wenn Sie nicht gerade an einem Hafenbecken stehen, wird man Ihnen schon kein Tau vor die Füße werfen.

AB IN DEN
SCHLUSSVERKAUF

Zutaten

| Overall

| T-Shirt

| Sneaker zum Reinschlüpfen

| Shopper

Zu welchem Anlass?

Für den zweimal jährlich stattfindenden Schlussverkaufs-Shoppingmarathon. Denn die Anprobe geht so doppelt schnell.

Das beste Rezept

Statten Sie sich mit einem Maxi-Shopper aus, damit Ihre Einkäufe alle Platz finden und Sie nicht den Tüten-Packesel geben müssen. Befreien Sie sich von Zeitfressern wie einem BH oder Schnürschuhen. Wenn es nach uns ginge, könnte man zum Schnäppchenshoppen auch im Schlüpper losziehen!

SINGING IN
THE RAIN

Zutaten

| beigefarbener Trenchcoat

| Anorak

| schwarze ¾-Hose

| beigefarbener Rundhalspulli

| Collegeschuhe

Zu welchem Anlass?

An allen Tagen, an denen Regen mit von der Partie ist.

Das beste Rezept

Wer sagt denn, dass nur Kinder einen Anorak anziehen dürfen? Man verkauft uns einen Trenchcoat zwar immer als Regenmantel, aber im Ernstfall schützt er viel schlechter als so ein Anorak. Den ziehen wir also unter den Mantel, damit uns nicht kalt wird. Wenn er auch noch eine Kapuze hat, können wir unseren Regenschirm verbrennen! Selbst ältere Damen finden ihn unpraktisch.

ICH BIN ZU FUSS UNTERWEGS, UND DAS BEI ZEHN GRAD MINUS

Zutaten

| Lederjacke

| leichte Daunenjacke

| Cordhose

| Rollkragenpullover

| Pelzstiefel

| Schultertasche

Zu welchem Anlass?

Wenn das Thermometer in den Minusbereich absinkt und keinerlei Verkehrsmittel zur Verfügung steht.

Das beste Rezept

Dicke Daunenjacken sollte man nur beim Wintersport tragen. Für die Stadt wählt man ein leichtes Modell, das man unter einer zweiten Jacke trägt. Nur weil man es gerne warm hat, will man ja nicht aussehen wie eine wandelnde Steppdecke.

MUSEUMSFAN

Zutaten

| Jeansjacke

| schwarzes Kleid

| Sneaker zum Schnüren

| Strass-Armreifen

| Schultertasche

Zu welchem Anlass?

Wenn man sich eine Ausstellung nach der anderen ansehen will, ohne den modischen Durchblick zu verlieren.

Das beste Rezept

Das kleine Schwarze ist die Grande Dame der Modegeschichte – die Jeansjacke wirkt dagegen wie ein junges Mädchen. Zur ungewöhnlichen Kombi ein moderner Touch: Sneaker (mit denen man außerdem bequem unterwegs ist) und eine Handtasche in Knallfarbe für den künstlerischen Effekt. Wundern Sie sich nicht, wenn man Sie bittet, an Ort und Stelle Modell zu sitzen.

ZWANZIG MODISCHE **FAUXPAS**

Mode ist im ständigen Wandel, und so erscheint es schwierig, eine Liste mit Fashion-Tabus aufzustellen, schließlich kann sich von heute auf morgen alles wieder ändern. Die modischen No-Gos von heute könnten die Must-haves von morgen sein. Und doch gibt es Dinge, die eine Pariserin niemals über sich bringen würde. Wenn Sie es nicht mit der Modepolizei zu tun haben wollen, sollten Sie also Folgendes auf jeden Fall vermeiden.

Leggings

Wenn Sie nicht gerade elf Jahre und auf
dem Weg zum Tanzen sind, sind Leggings wirklich
keine Lösung. Sie stehen eigentlich niemandem.
Erträglich werden sie höchstens mit einem
langen Strickpulli, aber das sieht so sehr
nach »Homewear« aus, dass Sie damit lieber
zuhause bleiben!

——

Gefälschte Designertasche

Wer mit einer Tasche herumläuft, die eine
teure Marke imitiert, beweist null Stil. Ganz
abgesehen von den Produktionsbedingungen
und der minderen Qualität besitzt so
eine Tasche tausendmal weniger Chic als
ein ehrlicher Baumwollbeutel.

——

Lange Bermuda mit aufgesetzten Taschen

Also gut, Sie haben so etwas noch nie
getragen. Aber wer weiß, vielleicht sind Sie
irgendwann geneigt, Ihre Jeansshorts gegen eine
Cargohose einzutauschen. Bitte nicht.
Kein ernstzunehmender Modeschöpfer hat
so ein Teil schon mal auf dem Laufsteg gezeigt –
und das will etwas heißen.

——

SNEAKER MIT KEILABSATZ

———

Von Zeit zu Zeit
erhitzen sie die modischen
Gemüter, aber sie
sind und bleiben unförmige
Schuhe, die klobige
Füße machen, auch am
schlanken Bein.

Hosenrock

Dieses Kleidungsstück legen wir Frauen
ans Herz, die mal gänzlich unbeachtet ausgehen
wollen oder aber die Scheidung einreichen
möchten, ohne auf Widerstand zu stoßen.

———

Daunenmantel

In Sachen Daunen gibt es zwei Lösungen:
entweder eine dünne Daunenschicht, die man
unter dem Mantel trägt, oder aber eine dicke,
etwas voluminösere Jacke, die einen beim
Wintersport warmhält. Ein langer, vollgestopfter
Mantel macht eine viel zu unschöne Figur.
Es sei denn, Sie möchten für einen Reifen-
fabrikanten Werbung machen.

——

Ganz in Pelz

Kommt nur infrage, wenn Sie die Cruella
geben möchten.

Kreppsohlen

Ein Detail, das Sie
meiden sollten, falls Sie
nicht mit einem Schritt
zwanzig Jahre älter
erscheinen möchten.

———

Plastik-Clogs mit Löchern

Ja, diese Dinger verkaufen sich blendend, aber wir werden sie nie mögen. Auch nicht für ein dreijähriges Kind als Hausschuhe im Kindergarten (zum Malen und Kleistern bestens geeignet). Hier ist Widerstand gefragt, denn Stil sollte man auch im Kleinen beweisen.

———

BH mit durchsichtigen Trägern

Eine Phobie der Pariserin, die nicht begreifen kann, wie die Trägerinnen dieser Erfindung glauben können, dass man die Plastikstreifen nicht sieht. Wenn es denn unsichtbar sein soll, tragen wir lieber gar keinen BH.

———

Markensklavin

Keinen eigenen Stil erproben, sondern alles genauso machen, wie von einem Modedesigner vorgegeben – das kann eine Pariserin absolut nicht leiden. Gott ist zwar auch ein Schöpfer, heißt es, deshalb muss man aber keinem Modeschöpfer huldigen.

———

T-SHIRT MIT KLEINER KATZE

Wenn Sie aus dem Schulmädchenalter heraus sind, wirkt so ein Aufdruck albern. Mit dem Schmusekätzchen-Image können Sie keinen Mann beeindrucken, dann schon eher mit Tigermuster.

———

Schmuck überall

Ohrringe plus Halskette, Ringe plus Armreifen –
das sind ein oder zwei Dinge zu viel. Man darf
Schmuck anhäufen, natürlich, aber bitte nur
an einer Stelle. Die Zeiten, in denen man mit seiner
Schmucksammlung Eindruck schinden konnte,
sind endgültig vorbei. Unechter Schmuck zählt da
ohnehin nicht. Jedes Accessoire, das Sie zuhause
lassen, perfektioniert Ihren Schmuckstil.

———

Hautfarbene Strumpfhosen

Ähnlich wie bei den transparenten BH-Trägern
fragt man sich, wer denn glauben kann, dass
jemand so seidene Haut haben kann. Diese Strumpf-
hosen sind ganz und gar nicht unsichtbar, und sie
halten nicht warm. Bleiben Sie bei Schwarz.

———

Lycra-Bustier

Niemals eine gute Idee. 100% Lycra sollte strikt auf
sportliche Aktivitäten beschränkt bleiben. Wenn
das Bustier auch noch ein bisschen zu eng ist, fällt
es direkt in die Kategorie »ordinär«. Unhübsch.

———

Zu viel Haut

Es ist schnell passiert: Ein etwas kurzes
T-Shirt plus Minirock, und schwupps haben Sie
das »C-Promi«-Etikett.

———

Hosen mit zu tiefem Bund

Geben den Blick frei auf Unterhose
oder String: ein No-Go, bei dem man nicht
in die Tiefe gehen muss.

———

Streifenmix

Sieht man manchmal in Modemagazinen,
aber der Streifen-Clash macht nur auf Hochglanz-
papier Eindruck, im echten Leben nie.

———

Ein Topfhut

Mit dem kann wirklich niemand punkten.
Wenn es etwas auf den Kopf sein muss, dann
lieber eine Schiebermütze.

»Mom«-Jeans

Die Boyfriend-Jeans mit hohem Bund. Klingt toll, aber dieser Look ist einfach zu relaxed. Das geht zu weit. Baggy Jeans schaffen es immer mal wieder nach vorne, aber da wir ohnehin keine Fashion Victims sind, lassen wir auch diesen Trend vorübergehen, denn er macht uns unförmig.

ZWANZIG MODISCHE KNIFFE

Stil lässt sich mit ganz einfachen Mitteln beweisen. Ein leicht schräger Akzent bringt oftmals viele Punkte auf der Fashion-Skala. Spielen Sie mit diesen Kontrasten.

#1
Strohtasche zum Abendkleid.

#2
Zwei Gürtel über dem Blazer.

#3
In der Herrenabteilung stöbern.

#4
Jeans umschlagen und zu hochhackigen Schuhen tragen.

#5
Den Blick auf den Rücken freigeben, indem man seinen V-Pullover verkehrt herum trägt.

#6
Stoffband statt Gürtel.

#7
Pinkfarbene Strümpfe in Halbschuhen.

#8
Smoking plus Sneaker.

#9
Motorradjacke überm
Musselinkleid.

#10
Seinen T-Shirts den
Kragen abschneiden.

#11
Paillettenschal zur Jeans.

#12
Strass-Collier auf
grobem Strickpulli.

#13
Bleistiftrock plus Anorak.

#14
Den Seidenschal um den
Hals binden.

#15
Military-Jacke überm
kleinen Schwarzen.

#16
Schuhe mit Leoparden-
muster, dazu eine golden
glitzernde Tasche.

#17
Jeansjacke plus
Samthose.

#18
Eine Perlenkette als
Gürtel.

#19
Hardrock-T-Shirt zum
Bleistiftrock.

#20
Indische Tunika mit
Smokinghose.

MODISCHES KNOW-HOW

In Sachen Mode gilt es, Höflichkeit zu wahren. Falls man Sie auf Ihren Look anspricht – hier sind die waschechten Pariser Antworten.

································

»Hübscher Pulli.«

Antwort: »Danke. Der ist alt.« Das heißt: »Ich habe ihn vor zwei Wochen gekauft.«

································

»Tun dir nicht die Füße weh in den Pumps?«

Antwort: »Nein, ich laufe wie auf Wolken.«

Das heißt: »Ich habe sie drei Wochen lang mit dicken Wollsocken zuhause eingelaufen.«

»Frierst du denn nicht?«

Antwort: »Nein. So ein Camisol hält warm.«

Das heißt: »Ich warte doch nicht bis Juli, um ein bisschen sexy zu sein.«

»Deine Hose hat ja den perfekten Schnitt.«

Antwort: »Gab's ganz günstig bei …«

Das heißt: »Ich hab ein Vermögen dafür bezahlt.«

»Was für ein bezauberndes Collier!«

Antwort: »Die Steine sind unecht. Ich tu nur so.«

Das heißt: »Die Diamantenkette gehörte meiner Großmutter, aber wenn die wüsste, dass ich sie zum Jeanshemd trage, hätte sie mir das gute Stück niemals vererbt.«

MEINE SOS-LOOKS

Notieren Sie hier Ihre schönsten Kombinationen, damit Sie sie im Notfall wiederherstellen können.

SHOPPINGLISTE

Fehlen Ihnen noch Dinge für die Pariser Grundausstattung? Schreiben Sie hier auf, was Sie noch brauchen. Vielleicht ist es bis Weihnachten ja nicht mehr so lang. Doch? Dann schnell los. Es geht hier um Essentials – das ist also *essenziell*.

VERZEICHNIS NACH ANLASS

VERZEICHNIS NACH KLEIDUNGSSTÜCKEN

DANK

....

An **Benoît Peverelli**, der uns als Testpilot für den »Mädchenabend«-Look gedient hat und außerdem ein Top-Fotograf und toller Vater ist.

An **Rodolphe Bricard**, der uns als Testpilot für den »Ich treffe meinen Liebsten«-Look gedient hat und außerdem Rekordhalter in der Kategorie »Wer schießt die meisten Fotos in kürzester Zeit« ist.

An **Johanna Scher**, die sich morgens ganz ohne uns anziehen kann und den Oscar für die beste Regie verdient hat.

An **Jean-Louis Bergamini**, den Fels in der Brandung.

An **Armelle Saint-Mleux**, das Gehirn, die sogar weiß, wie man Fotos bei Instagram reposten kann.

An **Olga**, die jede Rolle mit Bravour spielt.

An **Laura de Lucia**, die stets untadelig blieb, auch als Benoîts Assistentin …

An **Alexandra Kan**, die einen Trick kennt, wie man innerhalb eines Shootings zwei Kilo zunehmen kann (durch die Nutella-Gänsestopfleber-Diät).

An **Jeanne Le Bault**, ein Genie des Stils (das finden auch die großen Modedesigner).

An **Marie-Aline Boussagnol**, unsere Snapchat-Queen, die mit einem Dampfbügelautomaten bella figura macht.

An **Marielle Loubet**, unseren Make-up- und Föhnengel, die genau weiß, wie man sich für ein Tinder-Date in Szene setzt.

An **Elisabeth Serve**, die Stylistin, für die Abstecken eine wahre Kunst ist.

An **Sabine**, die Näherin, die aus einem Bikini ein Kunstwerk macht, das man im Museum ausstellen könnte.

An **Marla**, die Schönheit aus Bordeaux, die ihr bezauberndes Lächeln auch dann behält, wenn man ankündigt, ihren Kopf abzuschneiden.

An **Fanny**, die auch ohne uns zum Supermodel wird. Oder mit uns, in einem nächsten Buch …

An **Dinky**, der am Set für gute Stimmung gesorgt hat und sich wie ein Model(l)-hund benommen hat.